יוֹם שֶׁל בֵּית סֵפֶר

A School Day

A short, easy-to-read Hebrew story for beginners

by Sharon Asher

Cactus Pear Books

Cactus Pear Books

Copyright © 2025 Sharon Asher

All rights reserved.

No part of this book may be copied and/or altered and/or distributed and/or reproduced in any form or by any electronic or mechanical means, including but not limited to information storage and retrieval systems, without express permission in writing from the author.

ISBN-13: 978-1-951462-17-8

www.ingramcontent.com/pod-product-compliance
Lightning Source LLC
Chambersburg PA
CBHW081504070526
44586CB00019B/2473
* 9 7 8 1 9 5 1 4 6 2 1 7 8 *

בֹּקֶר טוֹב
Good Morning

הַשֶּׁמֶשׁ זוֹרַחַת.

תָּמָר קוֹרֵאת לְאִמָּא.

בֹּקֶר טוֹב נוֹעָה.

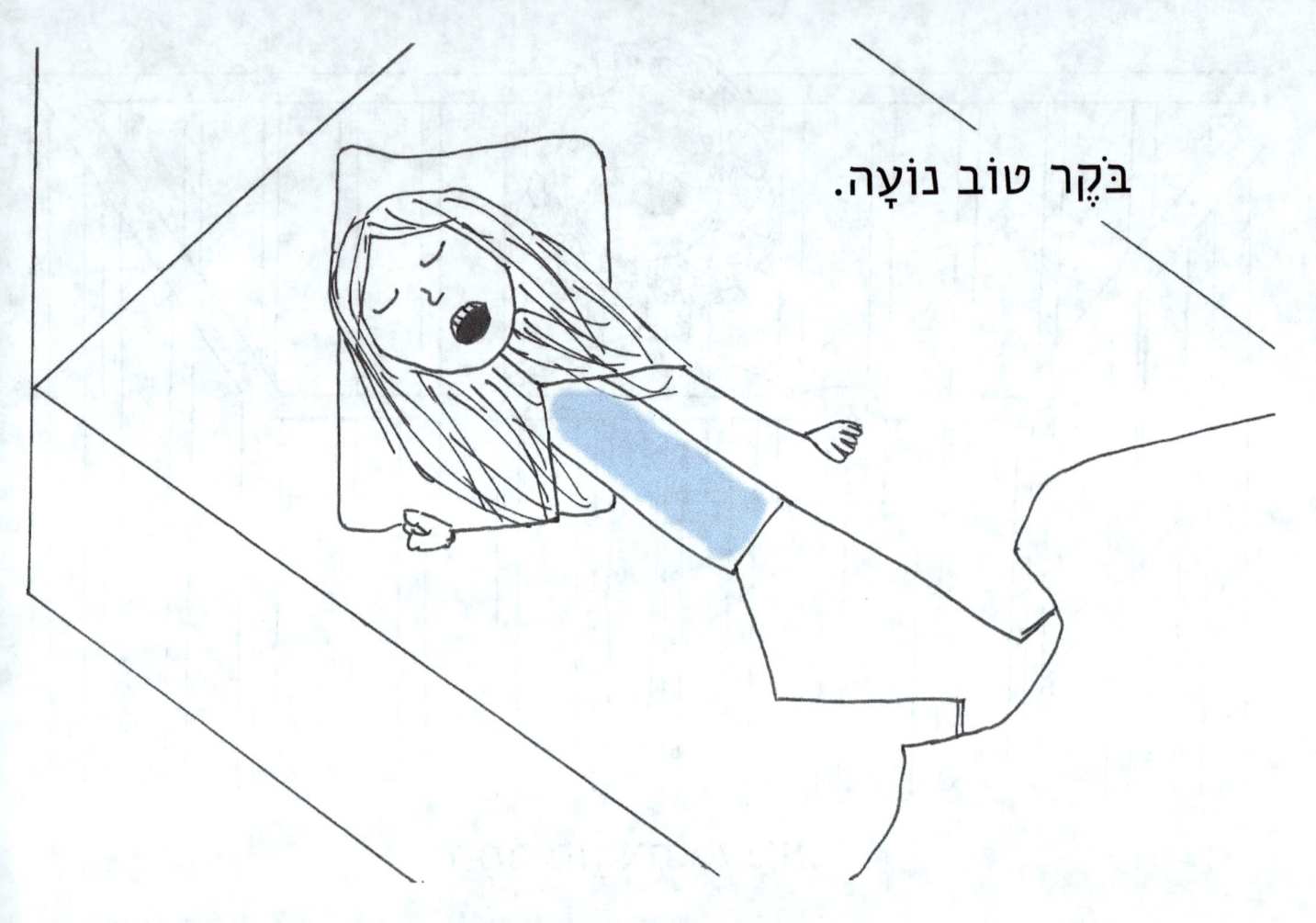

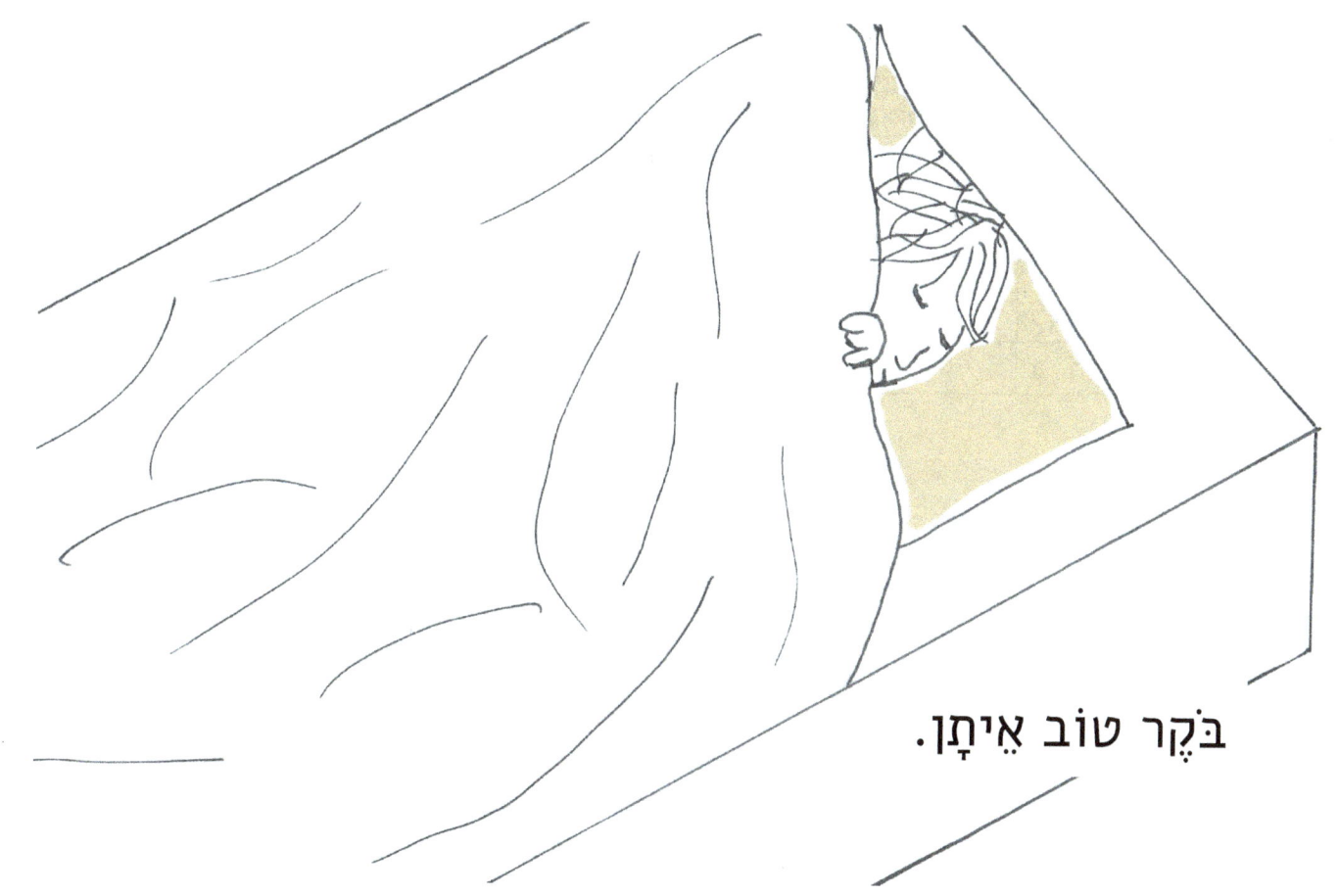

בֹּקֶר טוֹב אֵיתָן.

Vocabulary list

With niqqud	Without niqqud	Definition	Transliteration
הַשֶּׁמֶשׁ	השמש	the sun	hashemesh
זוֹרַחַת	זורחת	rises (f)	zorachat
קוֹרֵאת	קוראת	calls out (f)	koret
לְאִמָּא	לאמא	to mom	le eema
בֹּקֶר טוֹב	בוקר טוב	good morning	boker tov

מִתְכּוֹנְנִים לְבֵית הַסֵּפֶר

Getting Ready for School

נוֹעָה מְצַחְצַחַת שִׁנַּיִם.

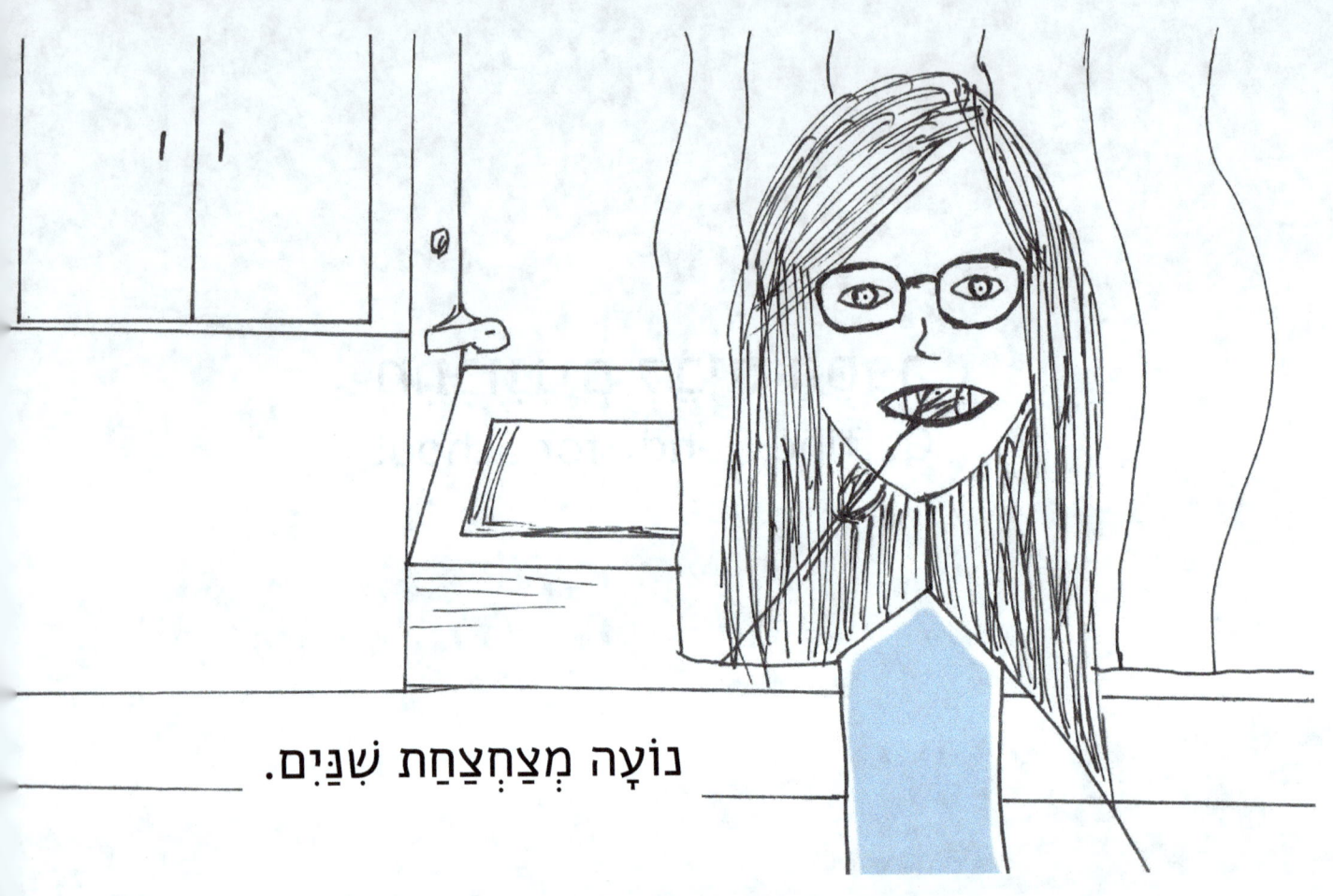

אֵיתָן מְצַחְצֵחַ שִׁנַּיִם.

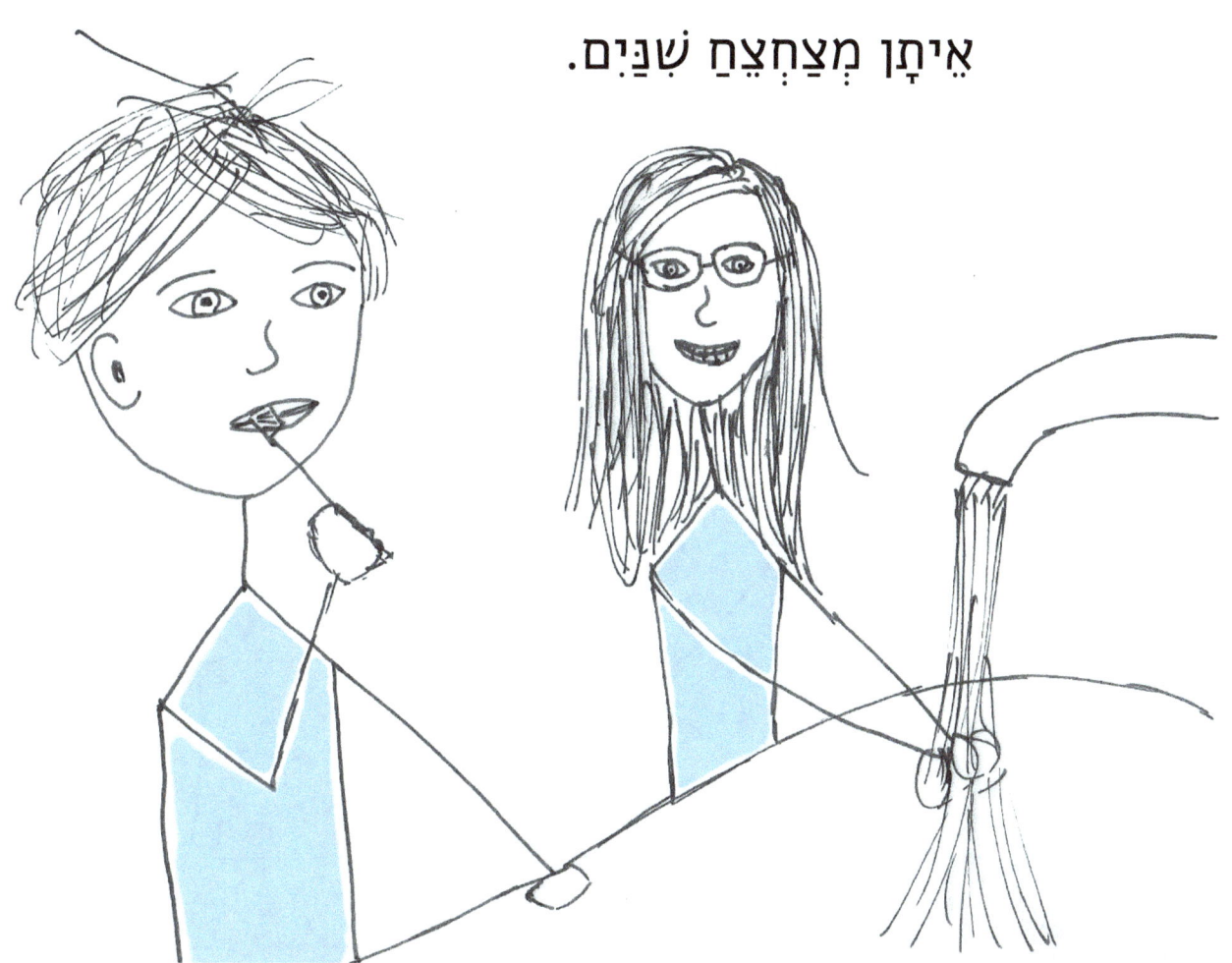

תָּמָר אוֹכֶלֶת אֲרוּחַת בֹּקֶר.

אִמָּא וְאַבָּא שׁוֹתִים קָפֶה.

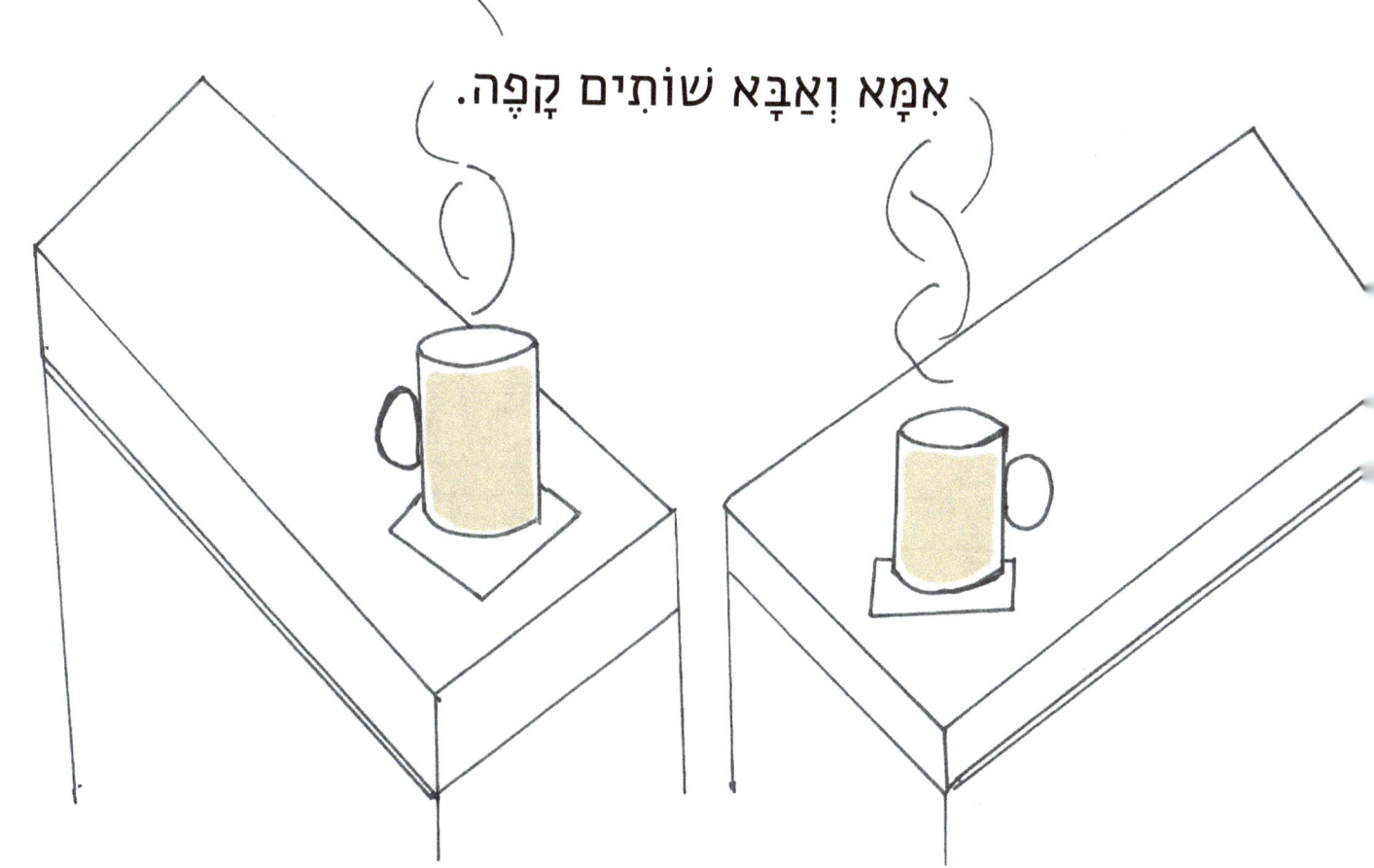

Vocabulary list

With niqqud	Without niqqud	Definition	Transliteration
מְצַחְצַחַת	מצחצחת	brushes (f)	metzachtzachat
מְצַחְצֵחַ	מצחצח	brushes (m)	metzachtzeach
שִׁנַּיִם	שיניים	teeth	shina-eem
אוֹכֶלֶת	אוכלת	is eating (f)	ochelet
אֲרוּחַת בֹּקֶר	ארוחת בוקר	breakfast	aruchat boker
אִמָּא	אמא	mom	eema
וְאַבָּא	ואבא	and dad	ve aba
שׁוֹתִים	שותים	are drinking (m)	shoteem
קָפֶה	קפה	coffee	kafe

הוֹלְכִים לְבֵית הַסֵּפֶר
Going to School

אֵיתָן מַחְזִיק יָד לְתָמָר.

נוֹעָה מְנוֹפֶפֶת יָד לְחַבֶרָה.

הָעֵצִים יְרֻקִּים.

שָׁלוֹם אֵיתָן, שָׁלוֹם נוֹעָה.

Vocabulary list

With niqqud	Without niqqud	Definition	Transliteration
מַחְזִיק	מחזיק	holds (m)	mach-zik
יָד	יד	hand	yad
לְ-	ל-	to	le
מְנוֹפֶפֶת	מנופפת	waves (f)	menofefet
לַחֲבֵרָה	לחברה	to a friend (f)	le chavera
הָעֵצִים	העצים	the trees	ha-etzim
יְרֻקִּים	ירוקים	green	yerukim
שָׁלוֹם	שלום	hello; goodbye; peace	shalom

בַּכִּתָּה
In the Classroom

הַמוֹרָה שׁוֹאֶלֶת שְׁאֵלָה.

נוֹעָה מְרִימָה אֶת יָדָהּ.

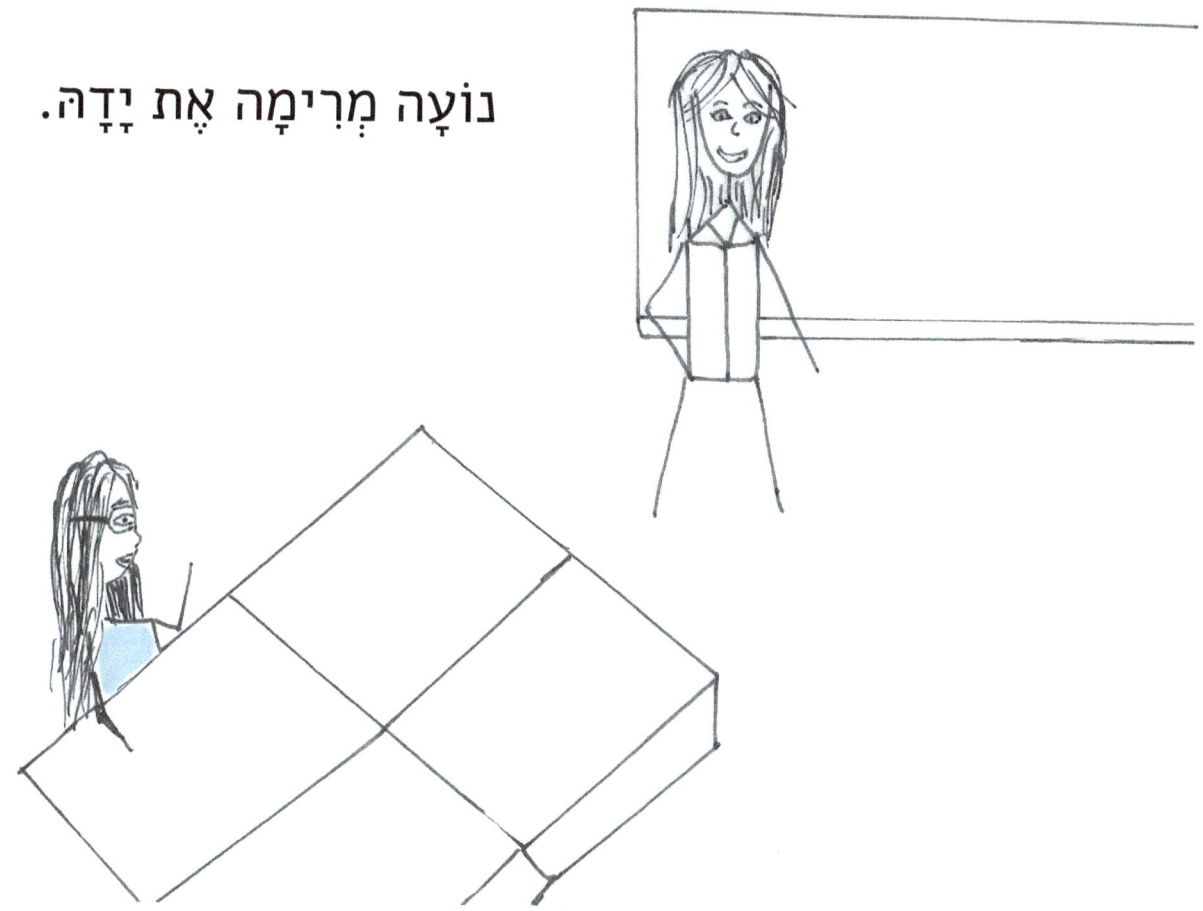

אֵיתָן קוֹרֵא סֵפֶר.

תָּמָר עוֹזֶרֶת לְחֲבֵרָה.

Vocabulary list

With niqqud	Without niqqud	Definition	Transliteration
הַמוֹרָה	המורה	the teacher (f)	hamorah
שׁוֹאֶלֶת	שואלת	asks (f)	sho-elet
שְׁאֵלָה	שאלה	question	she-ella
מְרִימָה	מרימה	raises (f)	merima
אֶת	את	the	et
יָדָה	ידה	her hand	yadah
קוֹרֵא	קורא	reads (m)	koreh
סֵפֶר	ספר	book	sefer
עוֹזֶרֶת	עוזרת	helps (f)	ozeret
לְחֲבֵרָה	לחברה	to a friend (f)	le chavera

בַּדֶּרֶךְ הַבַּיְתָה
On the Way Home

נוֹעָה וְאֵיתָן מַגִּיעִים הַבַּיְתָה.

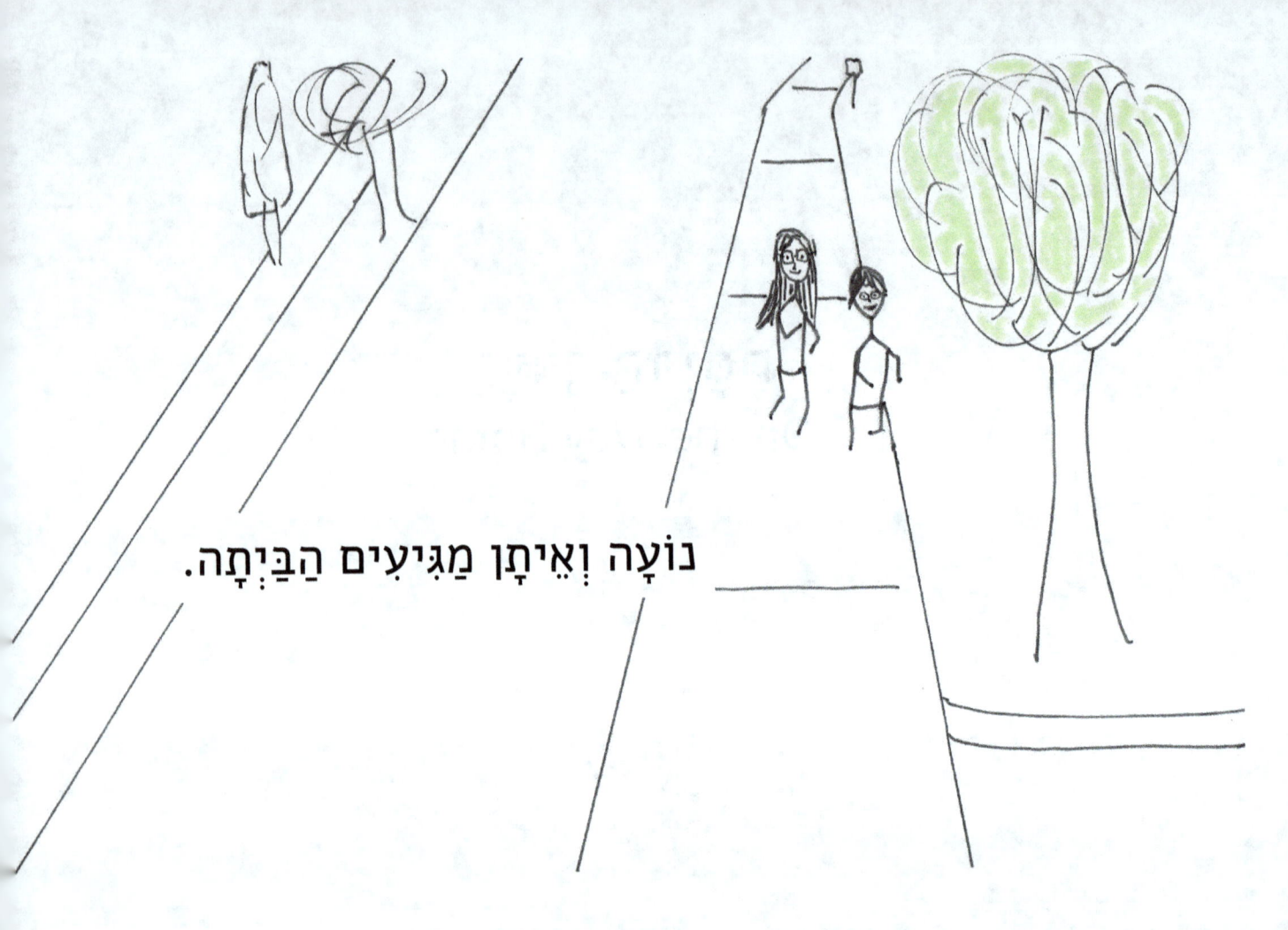

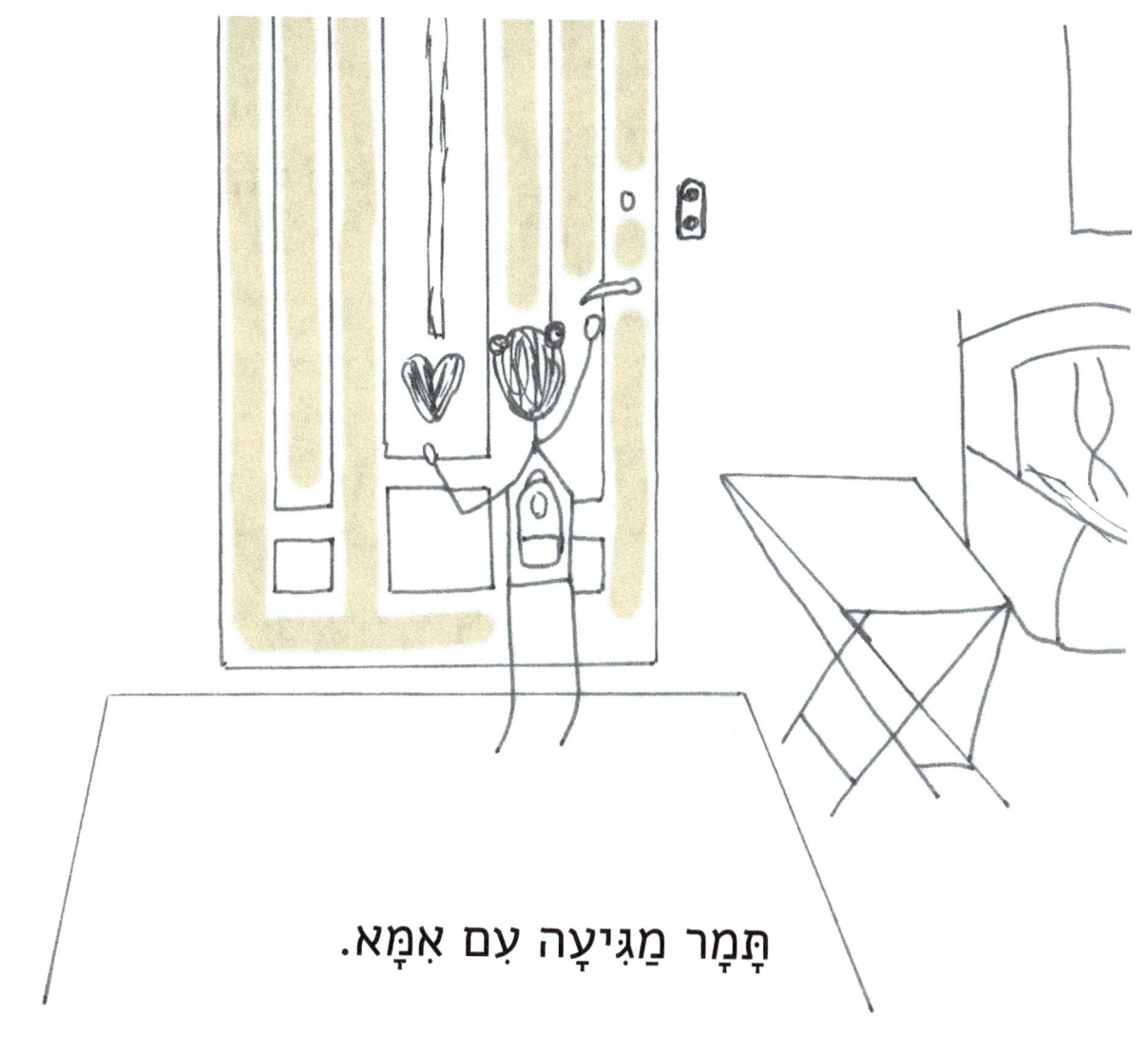

תָּמָר מַגִּיעָה עִם אִמָּא.

אַבָּא חוֹתֵךְ פֵּרוֹת.

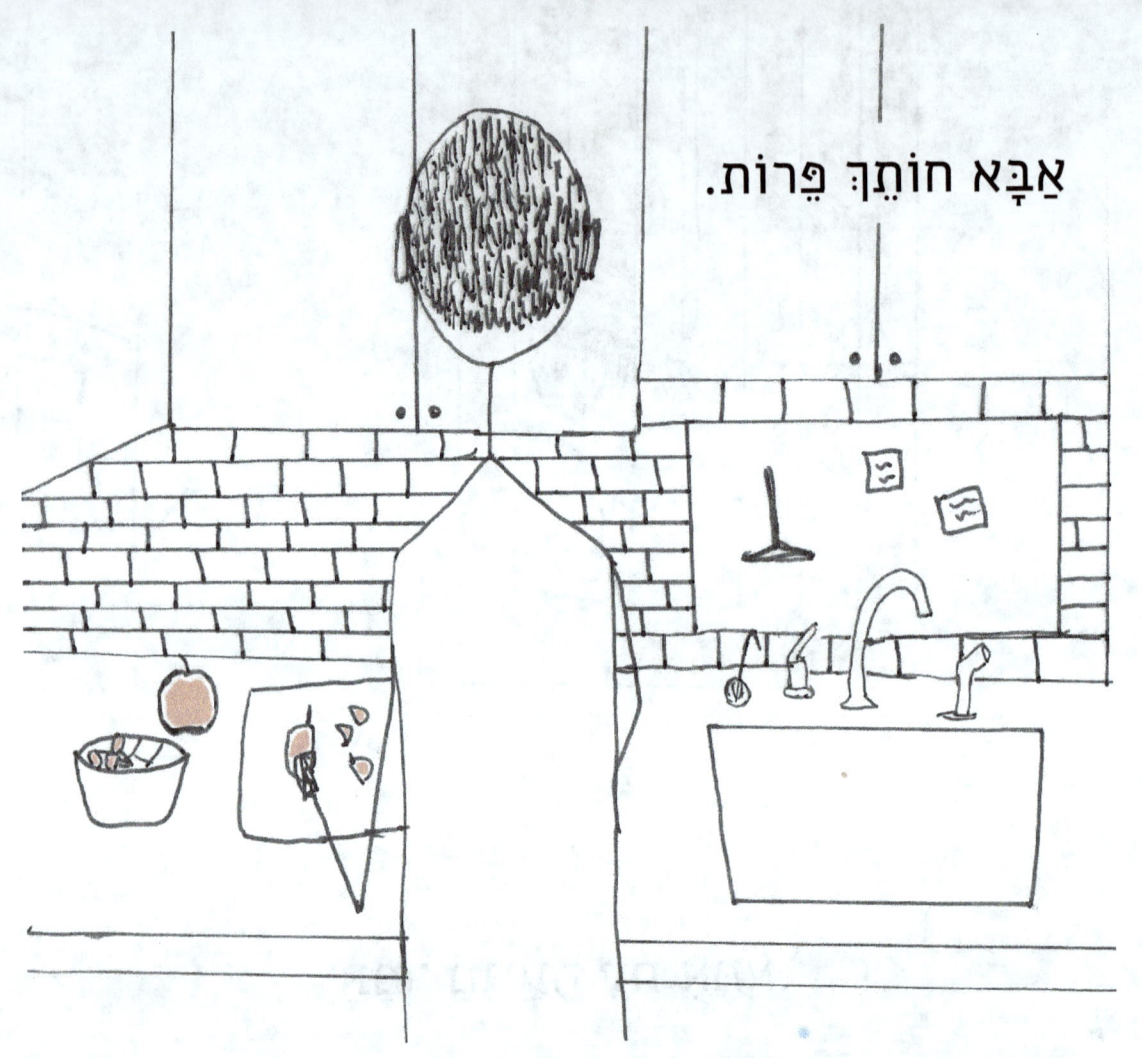

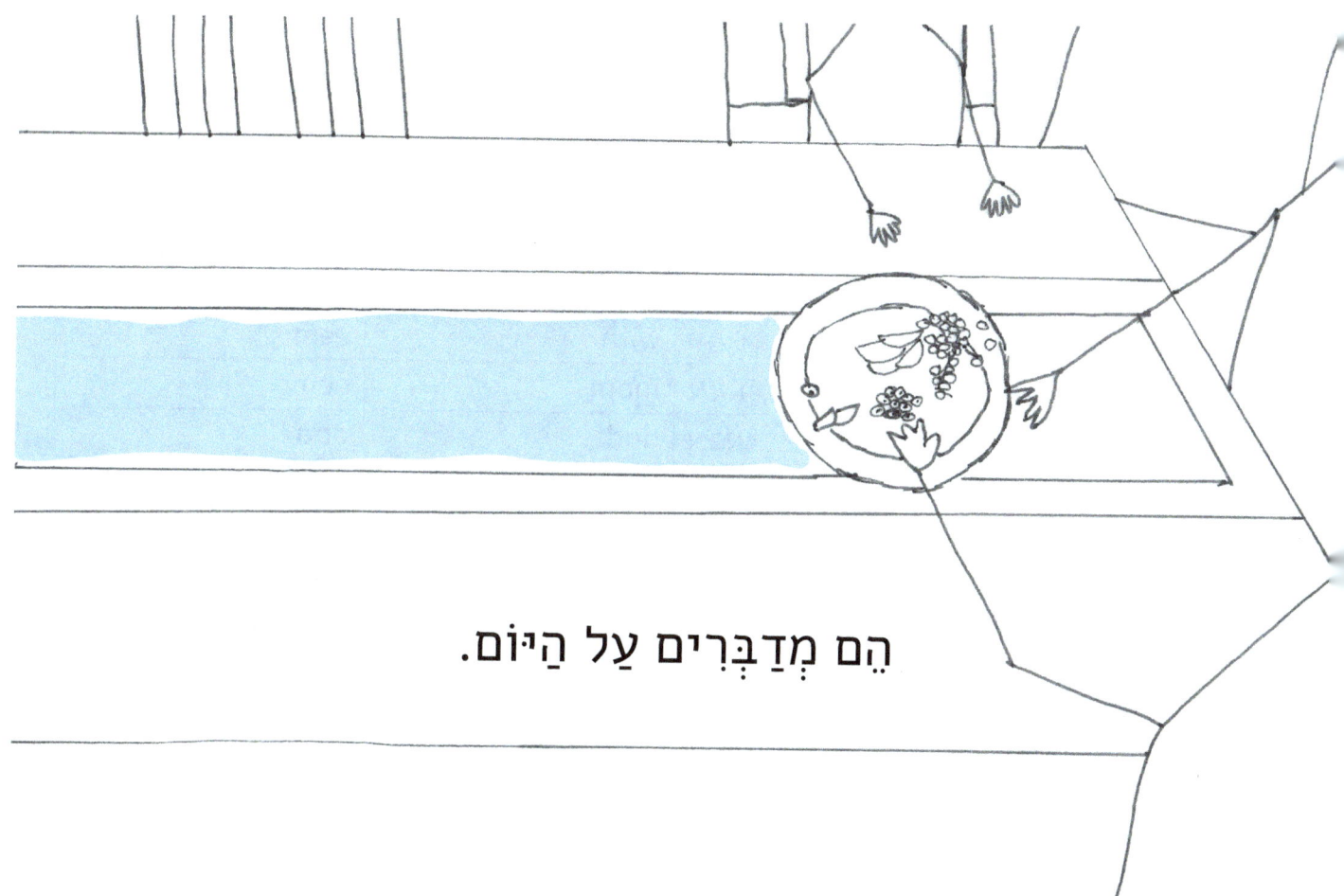

הֵם מְדַבְּרִים עַל הַיּוֹם.

Vocabulary list

With niqqud	Without niqqud	Definition	Transliteration
וְ-	ו-	and	ve
מַגִּיעִים	מגיעים	arrive (m)	magi-im
הַבַּיְתָה	הביתה	to the house	habayta
מַגִּיעָה	מגיעה	arrives (f)	magi-ah
עִם	עם	with	eem
אִמָּא	אמא	mom	eema
אַבָּא	אבא	dad	aba
חוֹתֵךְ	חותך	cuts (m)	cho-tech
פֵּרוֹת	פירות	fruit	perot
הֵם	הם	they (m)	hem
מְדַבְּרִים	מדברים	talk (m)	medabrim
עַל	על	about	al
הַיּוֹם	היום	the day	hayom